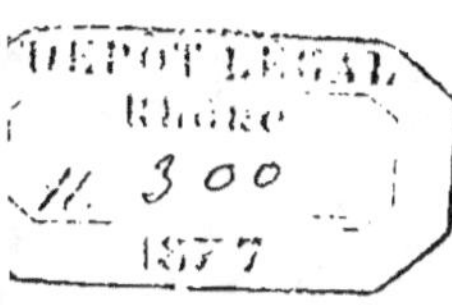

FRÈRE MICHEL.

LYON
J. B. PÉLAGAUD, IMPRIMEUR
de N. S.-P. le Pape
ET DE SON ÉM. MGR LE CARDINAL ARCHEVÊQUE,
Rue Sala, 58.
1877.

LETTRE CIRCULAIRE

DU

SUPÉRIEUR GÉNÉRAL DES FRÈRES DE LA SAINTE-FAMILLE

AUX MEMBRES DE SA CONGRÉGATION,

SUR LA VIE ET LES VERTUS

Du cher Frère MICHEL.

Belley, le 1er mai 1877.

Très-chers Frères ,

Si nous éprouvons une peine très-sensible quand nous perdons un membre de notre famille religieuse, il nous est bien doux de pouvoir vous entretenir des vertus qu'il a pratiquées. C'est ce que nous allons faire au sujet du Frère Michel, l'un de nos meilleurs religieux.

Le cher Frère Michel, né Bogey Joseph, vint au monde le 1er février 1822, à Grésy-sur-Aix (Savoie). Il eut pour père un de ces chrétiens de forte trempe qui ne transigent jamais avec le devoir. Sa mère était si pieuse qu'on la regardait comme une sainte.

Elevé par de tels parents, le jeune Bogey se forma à la pratique des plus solides vertus, et à cette énergie pour le bien que nous avons toujours remarquée en lui. Comme eux, il avait un profond respect pour les ministres de la religion ; il aimait et recherchait leur compagnie. M. le Curé de sa paroisse, remarquant en lui une grande pureté de mœurs et une conduite irréprochable, le jugea propre à l'éducation de l'enfance, et lui facilita le moyen d'obtenir les patentes exigées alors pour l'exercice de cette fonction. Pourvu de ce titre, il fit quelque temps l'école à Saint-Innocent, paroisse voisine de Grésy.

Pendant son absence de la maison paternelle, la mort enleva son unique frère à son affection et à celle de ses parents. Dès lors ceux-ci fondèrent toutes leurs espérances sur leur fils Joseph, le seul enfant qui leur restât ; mais Dieu leur demandait un second sacrifice.

Le jeune Bogey atteignait sa vingtième année et devait se fixer sur le choix d'un état. Les liens du plus tendre amour l'attachaient à ses parents ; cependant il se sentait puissamment attiré vers un genre de vie plus parfait que celui qu'il pouvait mener dans le monde. Dans la lutte que se livrèrent en lui la nature et la grâce, celle-ci triompha, et lui fit prendre la résolution d'embrasser l'état religieux. S'en étant ouvert à ses parents, il éprouva de leur part une vive opposition ; mais, persuadé que son attrait venait de Dieu, il persista dans sa résolution. Comme son père et sa mère tenaient avant tout à l'accomplissement de la volonté divine, ils finirent par donner leur consentement. Toutefois le père mit pour condition que, s'il survivait à sa femme, il lui serait permis d'aller finir ses jours auprès de son fils, ainsi qu'il l'a fait plus tard.

Rien ne s'opposant plus à la réalisation du désir de notre jeune postulant, il se hâta de s'éloigner du monde, heureux d'obéir à cette voix intérieure qui lui disait, comme à Abraham : *Quitte ton pays et tes proches, et viens dans la terre que je te montrerai.*

C'est le 15 mai 1842 que le jeune Bogey entra au noviciat. Il y fut constamment l'édification de ses condisciples. Selon leur témoignage, il était pieux et docile, acceptant avec soumission et simplicité les humiliations et les pénitences qui lui étaient imposées. Et elles ne lui étaient pas épargnées : son professeur exigeait de lui une tâche qui souvent dépassait ses forces, et presque à toutes les récréations il lui imposait, comme pénitence, un surcroît de travail. « Jamais, nous a dit l'un de ses condisciples, je « ne l'ai vu murmurer, quelque fréquentes et pénibles que fus- « sent les punitions qu'il reçut à cette occasion. » C'est ainsi que ce fervent novice embrassait la croix de Jésus-Christ, qu'il se mettait résolûment à sa suite, et se préparait à s'immoler à lui par la profession religieuse. Aussi la Congrégation l'admit - elle avec bonheur aux vœux temporaires à la retraite de 1843, et quelques années plus tard, aux vœux perpétuels.

Dès le mois d'octobre 1842, le Frère Michel fut placé au petit séminaire du Rondeau, près de Grenoble, et il y resta jusqu'en 1853, moins deux années (1845 et 1846) qu'il passa au grand séminaire de Romans. Il remplit dans ces deux maisons les emplois d'aide-cuisinier, de réfectorier, de dépensier et de linger. Comme ces emplois ne lui permettaient pas autant qu'il le désirait de satisfaire sa piété pendant la journée, il prenait quelquefois pour cela sur son sommeil. « Je me rap- « pellerai toujours avec bonheur, nous a dit l'un de nos « Frères, la salutaire impression que fit sur moi le cher Frère « Michel lorsque j'allai, en 1851, faire une visite à nos Frères « du Rondeau. Tandis que tout le monde était couché, je vis ce « bon Frère, après une journée bien fatigante, faire une lecture « à la lueur d'une petite lampe. Je lui demandai pourquoi il « n'allait pas prendre son repos. Il me répondit : C'est demain « jeudi, jour de communion ; comme je n'aurai pas le temps de « faire ma préparation avant la messe, je la fais maintenant. « Édifié de sa réponse, je le laissai dans sa sainte occupation. »

La bonne conduite du Frère Michel et ses services étaient appréciés au petit séminaire. Nous en avons une preuve dans la lettre que le vénérable Supérieur de cette maison écrivit le 31 août 1853 à notre pieux Fondateur : « Le Frère Michel, y est- « il dit, est un religieux fidèle à ses exercices de piété et à tous « ses devoirs. Je n'ai que de bons témoignages à rendre sur sa « conduite. Je désire vivement le conserver, parce qu'il est un

« bon exemple pour notre Communauté...... Je compte sur lui
« pour l'année prochaine, et je vous prie instamment de me le
« conserver... »

Mais, ayant résolu de retirer les Frères de cet établissement, notre
Révérend Père Fondateur disposa du cher Frère Michel pour l'emploi de premier sacristain à la cathédrale de Belley. Heureux d'un
choix qui le rappelait dans la maison où s'étaient écoulés les jours
bénis de son noviciat, ce bon Frère reçut avec joie la part que
lui faisait l'obéissance, et mit tous ses soins à bien remplir ses
nouvelles fonctions.

On le vit alors progresser de plus en plus dans cette piété vraie
et solide que saint François appelle « la perfection de la charité. »
Il l'entretenait, la nourrissait, la fortifiait sans cesse par la prière,
par de fréquentes élévations de cœur à Dieu et par la lecture assi-
due des livres ascétiques. Cette piété le préserva de la déplorable
routine qui est, hélas ! si commune parmi les employés des égli-
ses. Jamais il n'oublia ces paroles de nos livres saints : *Ce lieu est
terrible ; c'est ici la maison de Dieu et la porte du ciel.* Il y gar-
dait la modestie et la retenue commandées par la sainteté du lieu,
et traitait les choses saintes avec le respect qui leur est dû. Qui
n'a été édifié de la gravité de ce bon Frère dans le lieu saint ! Qui
n'a été touché de la vivacité de sa foi et de son profond respect
envers le Saint-Sacrement ! Eût-il passé dix fois par heure devant
l'autel où repose Notre-Seigneur, toujours il faisait la génuflexion
avec la même gravité et la même dévotion.

Sa piété était douce et simple, profonde et constante, mais
exempte de toute singularité. Il en avait déjà posé les bases à sa retraite de 1844, en formulant ainsi ses résolutions : « 1° Je ferai mes
« prières avec toute l'attention possible. 2° Je penserai souvent
« à Dieu et je lui offrirai toutes mes actions. 3° J'observerai
« exactement ma Règle... 4° Je ferai bien ma méditation et ne
« l'omettrai jamais. 5° Je m'attacherai à l'obéissance : dans cette
« vertu tout est compris. » A ces résolutions, il avait ajouté quelques considérations frappantes sur les fins dernières, dans le but
de les relire souvent pour s'exciter à la fidélité et à la persévérance.

Frère Michel était très-attaché à la cathédrale; il lui semblait qu'il y fût chez lui, et il prenait le plus grand intérêt à tout ce qui pouvait contribuer à son embellissement. Il aimait surtout la pompe des grandes solennités, et s'estimait heureux de pouvoir y contribuer en ce qui le concernait. Quel que fût le surcroît de travail qui en résultât pour lui, jamais on ne l'entendit se plaindre, jamais on ne le vit reculer devant la peine.

Son excellent caractère, ses manières simples et obligeantes, sa modestie dans le lieu saint, son attachement à ses fonctions, son respect pour les oints du Seigneur, toutes ces qualités jointes à sa profonde piété, lui avaient gagné l'estime et même l'affection du vénérable Chapitre de la cathédrale, et il ne se passait pas d'année qu'on ne me renouvelât cette recommandation : « Ne nous enlevez pas notre bon Frère Michel. »

Digne enfant de la Sainte-Famille, il aimait tendrement Jésus, Marie et Joseph, et il s'efforçait d'imiter leurs vertus. Il aimait surtout Jésus au Saint-Sacrement. Ses délices étaient de prier devant le saint tabernacle. C'est là qu'il alimentait sa ferveur et traitait avec son Bien-Aimé des intérêts de son âme. Quelle faim et quelle soif il avait de la sainte communion ! Les jours où il était privé de ce céleste aliment, il avait moins d'énergie, moins de vie ; mais dès qu'il avait communié, il sentait ses forces augmenter, son ardeur se ranimer, son amour s'enflammer de plus en plus. C'est ce pressant besoin du pain eucharistique qui l'avait porté à solliciter auprès de notre digne Père Fondateur la permission d'ajouter chaque semaine une communion à celles qu'autorise la Règle.

Comme c'est à l'amour du cœur sacré de Jésus que nous devons l'immense et inappréciable bienfait de la sainte Eucharistie, il est juste que l'âme dévote au Saint-Sacrement aime, adore et bénisse ce divin cœur qui en a été la source. C'étaient les sentiments qu'éprouvait notre cher Frère; son cœur semblait avoir entendu ces plaintes de Jésus à sa fidèle servante Marguerite-Marie : « J'ai « une soif ardente d'être honoré et aimé des hommes dans le « Saint-Sacrement, mais je ne trouve presque personne qui s'offre « pour me désaltérer en usant envers moi de quelque retour. »

C'est pourquoi ce fervent religieux se plaisait tant au pied des autels, et éprouvait un attrait irrésistible pour la fréquentation de la sainte table.

Quel bonheur n'éprouva-t-il pas quand il lui fut permis de faire le pèlerinage de Paray-le-Monial, berceau de la dévotion au Sacré-Cœur ! Il disait à son retour qu'il ne désirait plus faire qu'un seul pèlerinage, celui de l'église du Sacré-Cœur à Montmartre, lorsque aurait lieu sa consécration. Mais Dieu lui a accordé bien davantage en l'appelant sur les collines éternelles pour y contempler les beautés de ce cœur adorable, et l'aimer de cet amour qui fait tout le bonheur des élus.

A la dévotion à la sainte Eucharistie, il joignait la dévotion à la Passion de Notre-Seigneur. Chaque jour, à l'heure où Jésus expira sur le Calvaire et pendant que le vénérable Chapitre récitait les vêpres canoniales, Frère Michel parcourait avec amour les stations du Chemin de la Croix. Souvent même il faisait cet exercice plusieurs fois dans la même journée.

Sa pieuse mère ayant quitté cette vie, son père vint le rejoindre à Belley. Ce respectable vieillard, qui fut un modèle d'édification pour la Communauté, y mourut à l'âge de soixante-dix-neuf ans. Pendant les cinq ans qu'il vécut parmi nous, son fils l'entoura des soins les plus assidus. Dès le lever il se rendait auprès de lui pour lui rendre tous les services que la pitié filiale sait inspirer. Le bonheur qu'il éprouvait à accomplir ce devoir ne fut cependant pas sans mélange. Le père Bogey ayant éprouvé une attaque de paralysie, fut quelque temps privé de connaissance. Comme il n'avait recouvré qu'imparfaitement l'usage de ses facultés, il ne se rendait pas compte de ce qui lui était arrivé. Il lui semblait s'être trouvé dans un état de détresse où son fils l'avait abandonné. Rien ne put chasser cette idée de son imagination, et les reproches qu'il faisait à l'auteur de ce prétendu abandon, se renouvelant sans cesse, affligeaient sensiblement notre bon Frère; toutefois ils ne lui firent point diminuer ses soins affectueux. Dieu permit sans doute cette épreuve pour épurer sa charité et en augmenter le mérite.

« La vraie piété, a dit saint François de Paule, est l'origine et la source de tout don, de toute grâce et de toute vertu. » Notre bon Frère Michel, qui la possédait, devait donc posséder toutes les vertus de son état. Nous ne pouvons nous dispenser de rappeler brièvement quelques-unes de celles dont nous n'avons pas encore eu l'occasion de parler.

Disciple fidèle du divin Maître, il montra, par ses paroles comme par ses actes, qu'il était vraiment doux et humble de cœur.

Jamais on n'aperçut en lui d'autre désir que celui de faire la volonté de Dieu, manifestée par la Règle et par son Supérieur, à qui il témoigna toujours la plus entière confiance.

Plein de la vraie charité, il aimait tous ses confrères, savait supporter leurs défauts, se montrait plein de bonté, ami de la paix et ennemi de toute contestation. Ses adjoints dans le service de la cathédrale étaient heureux sous sa direction.

Il ne connaissait pas l'oisiveté, cette mère féconde de tous les vices. S'il lui restait quelques moments après s'être acquitté de son emploi, il s'occupait à la culture des fleurs, à la confection des chapelets, ou à quelque autre travail utile.

Animé de l'esprit de mortification, il ne se plaignit jamais ni de la fatigue, ni de la nourriture, ni d'aucune des privations que la Communauté eut quelquefois à subir.

Il fut un vrai pauvre d'esprit. Devenu possesseur de son petit patrimoine, il se fit un bonheur d'en faire profiter la Congrégation. Les candélabres qui embellissent le chœur de notre chapelle, les chandeliers qui ornent les autels aux jours de fêtes, la statue de Notre-Dame de Lourdes, sont dus à sa générosité. Rien ne lui coûtait quand il s'agissait de contribuer à orner la maison de Dieu, et chaque année apportait une nouvelle offrande de sa piété pour cette fin. On lui dit un jour : « Mais, mon cher Frère, les temps « sont mauvais ; vous pourriez plus tard avoir besoin de quelque « chose. Eh bien ! répondit-il, quand j'aurai tout donné au bon « Dieu, il prendra soin de moi ; d'ailleurs, pourquoi serais-je plus « riche que mes confrères ? »

Sa générosité envers la Congrégation s'est également manifestée par ses dispositions testamentaires : il lui a donné tout ce qu'il ne destinait pas à ces trois œuvres particulièrement chères à son cœur : le soulagement des âmes du Purgatoire, l'œuvre de la Propagation de la Foi et celle de la Sainte-Enfance.

La tâche imposée par la Providence à notre bon Frère était achevée, et le jour du repos et de la récompense approchait. C'était à la fin de l'automne de 1874 ; on achevait dans l'intérieur de la cathédrale de grands travaux, qui exigeaient chaque samedi assez de peine pour tout remettre en ordre et en état de propreté. Un jour, à la suite de ce travail, le Frère Michel prit un refroidissement qui l'obligea de s'aliter pour quelque temps. La fête de Noël étant arrivée, comme il se trouvait presque rétabli, il obtint l'assentiment du médecin pour aller quelques moments à la cathédrale, afin de donner certaines indications aux Frères qui faisaient le service. N'ayant su résister au désir de mettre lui-même la main aux préparatifs qu'on faisait pour l'office de la nuit, il fut saisi par le froid, qui était très-rigoureux. Il s'ensuivit une rechute accompagnée d'une violente fièvre et d'un délire presque continuel. Son état devint bientôt si dangereux qu'on perdit tout espoir de guérison. Lorsqu'il en fut informé, il fit religieusement le sacrifice de sa vie, et reçut les derniers sacrements avec la plus tendre dévotion.

En cette circonstance, il fut favorisé de grâces singulières et de grandes consolations. Après quelques heures passées dans un recueillement profond, il dit à un Frère qui lui demanda comment il se trouvait : « Cela va très-bien ; cela ne peut pas mieux aller... « Comment pourrait-il en être autrement ? J'ai reçu aujourd'hui « tant de grâces du bon Dieu, qui s'est donné à moi ! » C'est dans ces sentiments que, le 12 janvier 1875, son âme, ornée de vertus et enrichie de mérites, quitta cette terre d'exil et alla se présenter au souverain Rémunérateur.

Durant sa maladie, le Frère Michel reçut de MM. les vénérables Chanoines de la cathédrale et des Prêtres de la paroisse les témoignages d'un sincère attachement. Sa Grandeur Mgr Richard daigna lui apporter quelques-unes de ces paroles qui consolent et fortifient l'âme. Les fidèles de la paroisse, qu'il avait si longtemps édifiés, ont eux-mêmes partagé l'affliction que sa perte nous a causée et nous ont adressé de nombreuses condoléances. Ils conservent de lui un pieux souvenir et se plaisent à rappeler sa dévotion, sa politesse et sa complaisance.

Le bon Frère Michel a rempli fidèlement sa tâche ; faisons de même, T.-C. F., et comme lui, nous aurons le bonheur de faire une sainte mort, qui nous introduira dans la véritable vie. C'est le vœu que nous formons en vous saluant avec affection en Jésus, Marie et Joseph.

Frère Amédée,

Supérieur général.

Lyon. — Impr. de J. B. Pélagand, rue Sala, 58.

www.ingramcontent.com/pod-product-compliance
Lightning Source LLC
LaVergne TN
LVHW010251060726
842527LV00007B/2738